나를 성장시키는 최고의 습관

하루 5분, 나를 ♥ 위한 묵상 기도문

잠언편

분홍소금 지음

북스원
BOOKSONE

나를 위해 하루 5분 기도해 보세요

- 이 책은 30일 동안 《잠언》에서 뽑은 말씀을 읽으며 묵상하고 기도할 수 있도록 구성되어 있습니다.
- 하루 중 일정한 시간을 정해 놓고 이 책을 가지고 말씀을 읽고 묵상하고 기도해 보세요. 5분이면 충분합니다.
- 일정한 시간을 내기 어렵다면, 이 책을 가지고 다니면서 출퇴근 길이나 점심 시간, 잠시 친구를 기다리는 시간 등 짧은 틈을 활용해 읽고 기도해 보세요.
- 묵상 제목 세 가지 중 가장 마음에 와 닿는 한 가지에 집중해서 깊이 묵상해보는 것도 좋습니다.
- 기도문을 쓰기 어렵다면, 이 책의 기도문을 필사해 보세요.

- 기도문을 쓸 때는 그날의 내용 중에 마음에 와 닿는 부분을 여러 번 묵상해볼 것을 권합니다.
- 이 책으로 30일 동안 묵상하고 기도한 후에는, 잠시 시간을 두었다가 다시 반복해서 읽어도 좋습니다. 다시 읽을 때는 처음 읽었을 때와 비교해 자신의 모습이 어떤지 스스로 점검해 보세요.

차례

하루 5분

나를 위한 묵상 기도문

1
DAY

지식의 근본을 알라

여호와를 경외하는 것이 지식의 근본이거늘
미련한 자는 지혜와 훈계를 멸시하느니라
(1:7)

묵상

- 지식을 자랑하고 있지 않습니까.
- 내가 아는 지식이 절대적이라고 내세우고 있지 않습니까.
- 하나님의 지혜의 말씀이 낡은 것이라고 여기고 있지 않습니까.

여호와를 경외하는 것이 지식의 근본이라는 말씀은 새롭지 않습니다. 이미 알고 있는 말씀입니다. 그런데 이 말씀을 믿고 있습니까. 이 말씀이 나에게 어떤 의미입니까. 과학의 발전으로 세상의 지식은 거대한 홍수처럼 밀려오고, 따라잡기 어려울 만큼 빠른 속도로 새로운 지식들이 생겨나고 있습니다. 이런 때에 '여호와를 경외하는 것'이 지식의 근본이라는 말씀은 어떤 의미입니까.

아무리 과학이 눈부시게 발전하고 새로운 지식들이 더해져도 인간이 가진 한계는 여전합니다. 인간의 지식은 변합니다. 과학이 발달할수록 더욱 빠르게 변합니다. 어제는 옳다고 믿었던 지식들이 오늘은 잘못된 것으로 판명납니다. 그러나 하나님께서 주신 말씀은 변하지 않습니다. 그것은 진리이기 때문입니다. 진리는 시간을 이깁니다. 아무리 세월이 흘러도 변하지 않습니다.

그러므로 겸손하십시오. 세상의 지식을 자랑하지 마십시오. 여호와의 지혜를 낡은 것이라 멸시하지 마십시오. 우리는 그 말씀의 의미를 당장 깨닫기 어렵습니다. 우리의 눈이 어리석음과 욕심과 교만으로 가려져 있기 때문입니다. 많은 지식을 얻을수록, 시시각각으로 변함을 느낄수록 여호와를 아는 지식만이 변치 않음을, 여호와의 지혜만이 내 삶의 등불이 됨을 기억하십시오. 시간이 지나고 경험이 더할수록 그 말씀이 진리임을 깨닫게 될 것입니다.

오늘의 기도

주님, 오늘 이 말씀을 주셔서 감사합니다. 공부를 많이 할수록, 아는 것이 더해질수록, 경험이 풍부해질수록 여호와를 경외하는 것이 지식의 근본임을 늘 잊지 않게 해주십시오. 나를 미혹하게 하는 교만으로부터 지켜 주십시오. 내 지식을 절대시하거나 자랑하지 않게 해주십시오. 오직 주의 말씀만이 진리임을 믿으며, 예수님의 이름으로 기도합니다. 아멘.

나의 기도

2
DAY

범사에 주를 인정하라

너는 범사에 그를 인정하라
그리하면 네 길을 지도하시리라
(3:6)

묵상

- 언제 하나님을 인정하십니까.
- 사람들의 인정과 하나님의 인정 중 무엇을 더 많이 구하고 있습니까.
- 자신이 하나님의 사람임을 인정하고 있습니까.

사람에게는 인정 욕구가 있습니다. 가족, 학교, 직장, 교회 등에서 사람들의 인정을 구합니다. 좋은 사람, 능력 있는 사람, 멋진 사람으로 인정받고 싶어 합니다. 그런데 누군가를 인정하는 일에는 인색합니다. 내가 인정받고 싶은 마음이 강할수록 남을 나보다 더 나은 사람으로 인정하는 데는 더딥니다.

하나님을 인정하는 것은 어떻습니까. 어떤 때에 하나님을 인정합니까. 나에게 기쁨과 놀라움을 줄 때에, 생각지 못했던 좋은 일이 있을 때에, 내 능력이 닿지 않은 일들이 벌어지고 해결될 때에 우리는 하나님을 '인정'합니다. 그의 전능하심과 위대하심과 계획하심과 이루심을 인정합니다. 그렇다면 불행한 일을 만났거나 고난이 닥쳤을 때도 하나님을 인정하고 있습니까.

성경은 '범사'에 그를 인정하라고 말합니다. 범사는 모든 일을 말합니다. 범사에 인정하는 것은 기쁜 일과 슬픈 일, 좋은 일과 나쁜 일을 구분하지 않고, 어떤 일이 일어나든 그 안에 계신 하나님의 존재를 인정하는 것입니다. 그리하면 하나님께서 우리 길을 지도하겠다고 약속하십니다.

하나님은 늘 우리와 함께하시지만 우리를 사실을 자주 잊습니다. 범사에 주를 인정하십시오. 그러면 삶의 태도가 달라집니다. 어떤 일이 와도 감사할 수 있으며 기쁘게 받아들이고 용감하게 나아갈 수 있습니다. 주께서 내 길을 지도하실 것이기 때문입니다.

오늘의 기도

주님, 오늘도 나와 함께해 주셔서 감사합니다. 저는 좋은 일, 기쁜 일에는 감사하면서도, 슬픈 일, 나쁜 일에는 하나님을 인정하는 데 소홀했음을 고백합니다. 오늘 나에게 이 말씀을 주셨으니, 내 삶에서 어떤 일을 만나든 그 일에서 하나님을 인정하겠습니다. 언제나 주께서 내 길을 지도하심을 감사하며, 예수님의 이름으로 기도합니다. 아멘.

나의 기도

3
DAY

너는 두려워 말라

너는 갑작스러운 두려움도 악인에게 닥치는 멸망도 두려워하지 말라 대저 여호와는 네가 의지할 이시니라 네 발을 지켜 걸리지 않게 하시리라(3:25-26)

묵상

- 지금 두려워하고 있는 것은 무엇입니까.
- 그것이 왜 두렵습니까.
- 막연한 두려움이 지금 해야 할 일을 미루는 변명이나 핑계는 아닙니까.

지금 두려움을 느끼고 있습니까. 두려움은 어떤 대상에게서 직접적으로 느끼기도 하지만, 아직 오지 않은 일에 대해서 미리 갖기도 합니다. 또 나에게 직접 닥친 일은 아니지만 세상에서 벌어지는 각종 사건과 사고를 보면서 느끼기도 합니다.

지금 두려움을 느끼고 있다면 그것의 실체를 떠올려 보십시오. 두려움은 대체로 극단적이고 막연한 상상에서 옵니다. 막상 실체를 마주했을 때는 상상했던 것보다 두려운 것이 아닌 경우가 대부분입니다. 일어날 가능성이 많은 일에 미리 대비하는 것은 좋지만, 미리 두려할 필요는 없습니다. 그것은 없는 걱정을 만들어서 하는 것과 같습니다.

정말 무서운 건 두려움을 주는 대상이 아니라 두려움 자체가 몸과 마음을 상하게 하는 것입니다. 두려움 때문에 잘못된 선택을 하거나 죄의 유혹에 빠지는 것입니다.

두려움을 피해 숨지 말고 내면의 눈으로 그 실체를 바라보십시오. 상상 속의 두려움은 햇빛에 녹는 안개처럼 흩어져 버릴 것입니다. 두려움에 눌려 있지 말고 몸을 움직이십시오. 햇빛과 바람을 맞으며 걸어보십시오. 내일로 미루지 말고 지금 해야 할 일을 시작하십시오.

실제로 마주해야 할 일에 대한 두려움은 하나님을 의지함으로 이겨내십시오. "내게 능력 주시는 자 안에서 내가 모든 일을 할 수 있습니다."(빌립보서 4:13) 하나님께서 나와 함께하심을 믿으면, 내가 걸려 넘어지지 않도록 손을 잡아 주실 것입니다.

오늘의 기도

내게 두려워하지 말라, 내가 너를 넘어지지 않게 하리라 말씀해 주신 하나님 감사합니다. 내가 지금 두려워하고 있는 것의 실체를 명확히 보게 해주시고, 믿음으로 이겨낼 수 있게 해주십시오. 주께서 나와 함께하시므로 내가 넘어지지 않을 것임을 믿습니다. 예수님의 이름으로 기도합니다. 아멘.

나의 기도

4
DAY

마땅히 선을 베풀라

네 손이 선을 베풀 힘이 있거든 마땅히
받을 자에게 베풀기를 아끼지 말며
(3:27)

묵상

- 베푸는 것을 늘 '다음으로' 미루고 있지 않습니까.
- 내가 베푼 것에 자부심을 갖고 때때로 자랑하지 않습니까.
- 주께서 내게 베풀어 주신 것들을 생각해보십시오.

나는 아직 무엇을 베풀 만한 형편이, 아니라고 생각하고 있습니까. 베푸는 사람, 베푸는 형편이 따로 있지 않습니다. 누구나 베풀 수 있습니다.

내 주머니를 다 채운 후에 베풀겠다고 생각하고 있습니까. 그러면 베풀 수 없습니다. 주머니는 다 채울 수 없습니다. 바닥이 없기 때문입니다.

언제가 베풀 때입니까. 내 옆에 마땅히 받을 자가 있을 때입니다. 마땅히 받을 자는 누구입니까. 나보다 약한 사람입니다. 어려움에 처한 자입니다. 위태로운 처지에 몰린 사람입니다. 내가 도움으로써 먹고, 공부하고, 치료받고, 괴로움을 덜며, 살아갈 희망을 얻을 수 있는 사람입니다.

선한 사마리아 사람처럼 그가 누구인지를 가리지 말고 베푸십시오. 보답을 기대하지 않으면 그가 누구이든 베풀 수 있습니다.

베풀었다고 자부심에 차 있습니까. 베푼 것 때문

에 마음에 교만이 일어난다면 차라리 베풀지 않은 것이 낫습니다. 그것이 나에게 독이 되기 때문입니다. 베푼 것은 잊으십시오. 그것이 좋은 결과를 가져오기를 기대하지 마십시오. 그것이 언제 어떻게 열매를 거둘지는 하나님께 달려 있습니다.

오직 나에게 베풀 수 있는 것이 있음에 기뻐하고, 그가 필요한 때에 베풀었다는 것에 감사하십시오. 그것이 베푸는 자의 상입니다.

베푸는 자가 더 많은 것을 얻습니다. 그것이 베푼 사람만이 깨닫는 진리입니다.

오늘의 기도

주께서 내게 베풀어 주신 것들에 감사합니다. 나의 모든 것이 주님으로부터 왔음을 잊지 않겠습니다. 오늘 말씀과 함께 지극히 작은 자에게 베푸는 것이 곧 주께 베푸는 것이라는 말씀(마태복음 25:40)을 기억하겠습니다. 내가 받은 큰 은혜를 나도 기쁨으로 나누겠습니다. 예수님의 이름으로 기도합니다. 아멘.

나의 기도

5
DAY

사랑은 허물을 가린다

미움은 다툼을 일으켜도
사랑은 모든 허물을 가리느니라
(10:12)

묵상

- 남의 허물을 지적한 적이 있습니까.
- 내 마음에 상대에 대한 미움이 있는 것은 그의 허물 때문입니까, 아니면 다른 이유입니까.
- 내 허물에 대해 주변 사람들이 어떻게 해주기를 바라십니까.

나와 가까운 사람에게 비난하고 분노를 일으킬 만한 허물이 있습니까. 그 사람의 허물 때문에 내가 손해를 입거나 괴로움을 겪고 있습니까. 그 사람의 허물을 명백하게 드러내어 주변에 알리고 싶습니까. 그래야 마땅하다고 여깁니까.

어떤 사람의 허물을 가리고 덮는 일은 쉽지 않습니다. 더구나 그의 허물 때문에 내가 피해를 입었다면 미워하고 공격하기 쉽습니다.

그러나 공격하기 전에 한 번 더 생각하십시오. 그의 허물은 그의 약함에서 비롯되곤 합니다. 그의 약함을 공격하는 것은 서로에게 상처만 남길 뿐입니다.

사랑은 모든 이에게 필요하지만 약한 자, 허물 있는 자에게 더욱 필요합니다. 누구보다 하나님께서 허물 많은 우리를 여전히 지켜보시고 사랑하십니다.

약한 자의 허물을 드러내어 잘잘못을 가리기보다, 그 허물을 사랑으로 덮어 주십시오. 그가 채찍이 아니라 사랑으로 성장할 수 있도록 도와주십시오. 그렇게 함으로써 사랑하는 능력도 성장할 수 있습니다. 사랑할 만한 자를 사랑하는 것은 아무 유익이 없습니다.

그러나 사랑에는 억지가 없어야 합니다. 당장 사랑하는 마음이 일어나지 않는다면 잠시 거리를 두고 먼저 미움과 분노를 다스리십시오.

믿음, 소망, 사랑 중에 제일은 사랑이라 하신 말씀을 기억하십시오.

오늘의 기도

내 허물을 덮어 주신 주님, 감사합니다. 내가 다른 사람의 허물로 마음에 미움이 생길 때 그 마음을 다스릴 수 있는 지혜를 구합니다. 사랑으로 허물을 덮는 것이 그 사람을 위한 것이 아니라 나를 위한 것임을 진실로 깨닫게 해주십시오. 살아가면서 계속 사랑의 힘을 키워나갈 수 있도록 내 마음을 지켜 주십시오. 예수님의 이름으로 기도합니다. 아멘.

나의 기도

6
DAY

정직이 자신을 지킨다

정직한 자의 공의는 자기를 건지려니와
사악한 자는 자기의 악에 잡히리라
(11:6)

묵상

- 정직함을 가로막는 것은 무엇입니까.
- 정직한 평안과 악한 수익 중 어느 쪽으로 더 마음이 기웁니까.
- 나의 선택 기준 중 믿음은 몇 번째입니까.

많은 사람이 수익을 정직보다 우위에 두고 행동합니다. 정직은 당장 유익을 얻거나 인정을 받기 어렵기 때문입니다. 그러나 정직은 두려움에 떨지 않습니다. 정직은 마음에 평안을 주고, 당당하게 앞으로 나아가게 합니다.

사악한 꾀를 내는 사람은 당장 유익을 얻는 듯 보입니다. 이기심을 품고 악한 행동을 하는 것이 출세와 부를 얻는 지름길인 듯 보입니다. 그러나 그것은 허상입니다.

《에스더》서의 하만 장군을 보십시오. 그는 유대인 모르드개를 장대에 매달고 왕의 신임을 얻으려는 악한 계략을 꾸몄습니다. 그의 사악한 계획은 생각한 대로 잘 진행되는 듯 보였습니다. 그러나 정직한 모르드개와 에스더의 용기로 하만은 자기가 세운 장대에 자신이 달리게 됩니다. 자기 악에 자신이 잡혀버린 것입니다(에스더 7:9-10).

사악함의 득세는 잠시입니다. 달콤한 유익을 앞세운 악마의 유혹에 흔들리지 마십시오. 당장 눈앞에 보이는 작은 이득에 마음을 두지 마십시오.

정직은 자신을 나쁜 흉계에서 구해 줄 것입니다. 더디지만 크고 아름다운 열매를 맺게 될 것입니다. 하나님께서 지켜보고 계시기 때문입니다. 모든 일을 움직이시는 분은 하나님이심을 잊지 마십시오.

오늘의 기도

하나님, 오늘 내 마음을 들여다볼 수 있도록 해주셔서 감사합니다. 내가 세상의 재물과 권세의 유혹에 약함을 고백합니다. 당장의 유익이 믿음과 소망을 밀어내고 내 마음의 중심을 차지하지 않도록 지켜 주십시오. 사악한 꾀가 빠르게 달리는 듯 보여도 곧 자기 발에 걸려 넘어지게 될 것을 압니다. 모든 일을 이루시는 이는 하나님이심을 잊지 않고 정직한 믿음을 지켜나가도록 함께해주십시오. 예수님의 이름으로 기도합니다. 아멘.

나의 기도

7
DAY

슬기로운 자에게 배우라

미련한 자는 자기 행위를 바른 줄로 여기나 지혜로운 자는 권고를 듣느니라 미련한 자는 당장의 분노를 나타내거니와 슬기로운 자는 수욕을 참느니라(12:15-16)

묵상

- 다른 사람의 권고를 들을 때 어떤 마음이었습니까.
- 나와 다른 생각을 가진 사람을 잘못되었고 생각하고 있지 않습니까.
- 나의 분노는 정당하다고 생각하십니까.

자신이 하는 행위가 옳다고 생각하는 사람은 다른 이의 권고를 듣지 않습니다. 확신에 찬 사람일수록 충직한 권고를 하찮게 여깁니다. 자신이 알고 있는 것, 경험한 것이 진리라고 과신합니다.

그러나 자신을 과신하는 사람일수록 유혹에 넘어가기 쉽고, 속기 쉽습니다. 자만심을 만족시켜 주면 스스로 눈을 가리고 귀를 막기 때문입니다.

지혜로운 사람은 자신의 지식과 경험이 크고 복잡한 세계의 작은 일부분임을 인정합니다. 그래서 더 넓은 지식과 경험을 가진 이들의 권고에 귀를 기울입니다. 남의 말에 흔들리는 것이 아니라 그들의 권고를 바탕으로 자신의 판단을 점검할 줄 압니다.

하는 일에 잘못이 없는 사람이 아니라, 늘 열린 마음으로 귀를 기울이고 더 나은 방법을 찾으려 노력하는 사람이 지혜로운 사람입니다.

분노는 감정을 폭발시키는 것입니다. 당장은 속이

시원할지 모르지만 그 순간이 지나면 긴 후회가 남습니다. 분노는 나의 옳음이나 정당함을 표현하는 것이 아니라 자신을 억지로 방어하는 행위입니다.

분노가 일어날 때는 한발 물러서 치솟은 감정의 찌꺼기들이 가라앉을 때까지 기다리십시오. 참는 것이 아니라, 흥분한 자신에게 시간을 준다고 생각하십시오. 감정으로 맞서서 해결되는 일은 없습니다.

오늘의 기도

주님, 오늘은 이 말씀에 비추어 내 마음에 여유가 있는지 생각해 봅니다. 내 생각, 내 의견만이 옳다고 고집하는 마음을 내려놓기가 쉽지 않습니다. 그러나 단번에 되지 않는다고 포기하지 않고, 꾸준히 분노를 제어하고 감정을 절제하는 훈련을 해나가겠습니다. 하나님께서 나와 함께해주십시오. 예수님의 이름으로 기도합니다. 아멘.

나의 기도

8
DAY

어떤 말을 하고 있는가

칼로 찌름같이 함부로 말하는 자가 있거니와
지혜로운 자의 혀는 양약과 같으니라
(12:18)

묵상

- 최근 어떤 말에 상처를 받았습니까. 그 말은 왜 상처가 되었습니까.
- 내가 말로 상처를 준 사람이 있습니까. 그 말은 의도적이었습니까.
- 말하는 태도, 목소리, 사용하는 단어 중에 내가 가장 주의해야 할 것은 무엇입니까.

하나님은 말씀으로 세상을 창조하셨습니다. 말은 어둠 가운데 있던 사람이 단번에 빛 가운데로 들어갈 수 있게 합니다. 성경에도 "마음으로 믿어 의에 이르고 입으로 시인하여 구원에 이른다고 했습니다"(로마서 10:10). 입으로 시인하는 것은 그렇게 강력한 힘을 가졌습니다.

친절한 한마디 말이 절망한 이에게 다시 살아갈 힘을 주기도 합니다. 지혜로운 말 한마디가 슬픔에 빠진 사람에게 위로가 되고, 좌절한 사람을 다시 일으키기도 합니다.

말은 또한 칼이 되기도 합니다. 날카롭게 사람의 가슴을 찌르고 깊은 상처를 냅니다. 공격적인 말은 수치와 고통을 주고, 무시와 경멸의 말은 우울과 괴로움에 시달리게 합니다. 의도치 않게 말로 누군가에게 상처를 줄 수도 있고, 누군가의 무심한 말에 상처를 받을 수도 있습니다. 말은 아무리 조심하고 주의

해도 지나치지 않습니다.

'판단하고 비판하고 충고하는 말'은 삼가십시오. 좋은 말을 하려는 의욕보다 상처가 될 말을 하지 않는 절제가 더 중요합니다.

늘 기도하는 마음으로 말을 가다듬으십시오. 말을 잘 하는 것보다 상대방의 말을 잘 경청하는 것이 먼저입니다. 진심으로 들어주는 사람이 되면 그에게 진정으로 힘이 되는 말을 할 수 있게 될 것입니다.

오늘의 기도

하나님, 마음속의 미움, 상한 기분, 승부욕과 분노 같은 것들 때문에 누군가에게 상처를 주게 됩니다. 제가 말로 상처를 준 사람들의 마음을 어루만져 주십시오. 말하기를 더디 하고 경청에 더욱 힘쓰겠습니다. 말의 지혜가 들음에서 남을 깨닫는 자가 되게 해주십시오. 예수님의 이름으로 기도합니다. 아멘.

나의 기도

9
DAY

내 안의 시기심

평온한 마음은 육신의 생명이나
시기는 뼈를 썩게 하느니라
(14:30)

묵상

- 주변에 시기심을 갖게 하는 사람이 있습니까.
- 내 행복의 주도권을 다른 사람에게 맡기고 있지 않습니까.
- 내가 가진 것에 감사하고 있습니까.

영화 〈아마데우스〉는 시기심의 결과를 잘 보여줍니다. 살리에르는 당대에 최고로 인정받는 궁정 작곡가였습니다. 그러나 그는 모차르트의 천재성을 시기했습니다. 자신은 결코 그를 뛰어넘을 수 없다는 것을 알고 있었지만 시기심을 제어하지 못했습니다. 모차르트를 해칠 계략을 꾸민 그는 결국 모차르트를 죽음으로 몰아넣지만, 자신도 정신병원에서 생을 마감합니다.

모차르트의 명성과 작품은 지금도 살아있지만, 살리에르는 자신의 재능을 충분히 빛내지 못한 채 묻혀 버렸습니다. 그가 모차르트에게 집착하지 않고 자신의 재능에 집중했다면, 축복받은 삶을 누리면서 걸작을 남겼을지도 모릅니다.

시기심은 기쁨과 감사가 사라지게 하고 미움과 불안에 시달리게 만듭니다. 몸과 마음을 모두 갉아먹어 생명을 파괴할 뿐, 어떤 유익함도 없습니다.

다른 사람과 비교하지 말고, 내가 가진 것들에 집중하십시오. 자신이 남들보다 탁월하지 않음을 원망하지 마십시오. 나보다 나은 사람은 항상 있게 마련입니다. 시기심으로 파괴되는 것은 나 자신입니다. 내가 가진 것까지 잃게 하는 어리석음을 범하지 마십시오. 비교는 끝이 없습니다. 남과 비교하지 말고 내가 가진 것을 아름답게 빛나도록 가꾸십시오.

오늘의 기도

주님, 내 어리석음을 깨우쳐 주셔서 감사합니다. 나보다 뛰어난 사람을 시기하고 하나님을 원망하며 보낸 시간들이 있습니다. 내가 가진 것에 감사하기보다 갖지 못한 것들 때문에 괴로워했습니다. 주님, 이제부터는 내가 가진 것들에 감사하고 그것들을 처음보다 빛나게 하는 삶을 살겠습니다. 나의 행복 주도권을 남에게 두지 않고 내가 가꾸며 살겠습니다. 예수님의 이름으로 기도합니다. 아멘.

나의 기도

10
DAY

제사보다 기뻐하시는 것

악인의 제사는 여호와께서 미워하셔도
정직한 자의 기도는 그가 기뻐하시느니라
(15:8)

묵상

- 내가 예배할 때의 마음을 떠올려 보십시오.
- 늘 정직한 기도를 하고 있습니까.
- 하나님이 나에게 지금 바라시는 것은 무엇인지 생각해 보십시오.

악인이란 어떤 사람을 말하는 것일까요. 남을 괴롭히는 악당이나 범죄를 저지른 범법자만을 가리키는 것일까요.

드러나게 큰 잘못을 저지르지 않고 평범하게 살고 있으니 '악인'은 나와는 거리가 멀다 여길 수 있습니다. 그러나 제사, 즉 예배와 관련해 생각해 보면 달라집니다.

예수께서는 예물을 제단에 드릴 때에 형제에게 원망을 들을 만한 일이 생각나거든 예물을 제단 앞에 두고 먼저 가서 형제와 화해하고 나서 예물을 드리라(마태복음 5:22-24)고 말씀하십니다. 미움과 원망, 분쟁하는 마음 같은 것을 가진 채로 예배를 드리는 것은 악한 마음을 품고 제사를 드리는 것과 같습니다. 아름다운 찬양과 귀한 예물을 드려도 마음에 악함이 있으면 하나님께서 기쁘게 받으실 수 없습니다.

우리는 모든 사람을 사랑할 수는 없습니다. 그러

나 미워하는 마음을 품지 않기 위해 기도하고 노력할 수 있습니다.

예배를 드리기 전에, 예물을 드리기 전에 내 마음을 정직하게 내어놓고 기도 드리십시오. 분쟁하는 마음에서 벗어나 화해하고 화평할 수 있는 마음을 먼저 구하십시오. 내 마음에서 미움과 원망이 사라지면 형제와 곧 화해하게 될 것입니다. 하나님은 마음의 중심을 보시는 분임을 잊지 마십시오.

오늘의 기도

주님, 내게도 미움과 분노를 일으키는 사람이 있습니다. 미운 그 사람을 억지로 사랑하기는 어렵습니다. 그러나 미움이 깊으면 악함으로 가는 것을 압니다. 그 미움의 올무에서 벗어나게 해주시고, 내가 먼저 마음의 평화를 찾을 수 있게 해주십시오. 하나님께서 기뻐하시는 제사를 드리는 사람이 되게 해주십시오. 예수님의 이름으로 기도합니다. 아멘.

나의 기도

11
DAY

여호와께 맡기라

너의 행사를 여호와께 맡기라 그리하면 네가
경영하는 것이 이루어지리라
(16:3)

묵상

- 나의 능력, 유능한 동료, 약속된 거래처 등의 조건 중에서 내가 가장 믿고 있는 것은 무엇입니까.
- 계획한 일이 어려움에 부딪혔을 때 어떻게 기도하십니까.
- 그 일의 성패에 따라 하나님을 향한 마음이 달라질 거라 생각하십니까.

꼭 이루고 싶은 계획이 있습니까. 그 일을 이루기 위해 얼마나 기도하고 있습니까. 그 일이 잘 진행될 것이라고 생각하고 있습니까. 그렇다면 그 이유는 무엇입니까.

지금 진행되고 있는 일들이 어떻게 될지는 아무도 모릅니다. 우리는 가능성을 믿고, 나름대로 가늠하고 계산해서 진행하지만, 그 일이 항상 우리가 생각한 방향으로 가지는 않습니다. 많은 변수들이 등장하고 넘기 힘든 장애물을 만나게 됩니다. 그것이 나의 부족함 때문일 때도 있지만, 내 능력이나 의지와 상관 없이 닥치는 경우도 많습니다.

일이 힘겹고 상황이 어려울 때 우리는 기도합니다. 하나님의 선하시고 즉각적인 응답을 기대하고, 내 기도대로 되지 않으면 실망하고 원망합니다.

그러나 하나님의 응답이 우리가 생각한 대로 오는 것은 아닙니다. 우리가 알지 못하는 곳에서, 우리가 생각지 못한 방법으로 옵니다. 내 생각은 내 능력, 내 경제력, 내가 아는 사람들의 범위를 벗어나기 힘듭니다. 그러나 하나님의 계획은 우리와 다를 수 있습니다. 우리가 보지 못하는 것을 보고, 알지 못하는 것을 아시기 때문입니다.

내가 할 수 있는 대로 최선을 다하되, 결과는 하나님께 맡기십시오. 모든 경영은 하나님께서 하심을 믿으십시오.

오늘의 기도

하나님, 오늘 내가 하고 있는 일, 계획하고 있는 것에 대해 생각해볼 수 있게 해주셔서 감사합니다. 내 마음은 지금 하는 일들이 성공하기 원하고, 계획하고 있는 일들이 선한 결과를 가져오기를 바라지만, 모든 것은 하나님의 계획에 달려 있음을 다시 한번 깨닫습니다. 미리 자만하지 않고, 미리 두려워하지 않으며, 그 일의 결과를 믿음으로 받아들이겠습니다. 예수님의 이름으로 기도합니다. 아멘.

나의 기도

12
DAY

악한 자는 악한 날에 쓰신다

여호와께서 온갖 것을 그 쓰임에 적당하게 지으셨나니 악인도 악한 날에 적당하게 하셨느니라(16:4)

묵상

- 악한 사람이 잘되는 것을 보면 어떤 생각이 듭니까.
- 악한 방법을 써서라도 악인을 이기고 싶은 마음이 있습니까.
- 힘들어도 악보다 선을 택하겠다는 마음이 있습니까. 그 이유는 무엇입니까.

악의 존재는 완전한 하나님께서 지으신 완벽한 세계에 균열을 일으킵니다. 그 균열의 틈새로 고통과 불행이 덮칩니다. 우리는 선한 세계를 무너뜨리는 악의 횡포와 선한 사람이 악인 때문에 당하는 고통을 이해하기 어렵습니다. 세상에서 일어나는 모든 문제의 이면을 우리는 제대로 깨닫지 못합니다.

성경은 모든 것에 쓰임이 있다고 말합니다. 당연히 악도 그 쓰임이 있습니다. 악인이 존재하는 것은 악한 날에 쓰이기 위해서입니다. 악인은 그 악함으로 악인을 쳐서 악을 멸할 것입니다.

악이 번성하고 부귀를 누리는 것을 보고 부러워하지 마십시오. 악이 누리는 부귀는 죄를 쌓는 것입니다. 죄의 삯은 사망입니다. 하나님의 자녀인 우리는 예수 그리스도의 길을 따르기로 선택했고, 선택받았음을 기억하십시오. 부귀 영화의 길이 아니라 제자의 길을 가십시오.

악의 유혹에 지지 마십시오. 잠깐의 달콤함을 누리기 위해 악인의 길을 따라가지 마십시오. 악으로 일어선 자는 반드시 악으로 망합니다.

하나님의 법은 세상의 법과 다릅니다. 하나님은 악한 날에 악인을 사용하여 악을 심판하실 것입니다. 심판은 하나님께 맡기고 하나님의 법을 따라 선한 삶을 사십시오. 선으로 악을 물리치십시오.

오늘의 기도

하나님, 선한 이가 고난을 당하고 악한 자가 부요를 누리는 것을 볼 때 마음의 분노가 일고, 한탄이 나옵니다. 그러나 지금 눈앞에 보이는 것이 전부가 아니님을 내가 압니다. 하나님의 선하신 계획을 믿습니다. 악한 자의 심판은 주께 맡기고, 실망하지 않고 흔들리지 않고 선함으로 승리하도록 지켜 주십시오. 예수님의 이름으로 기도합니다. 아멘.

나의 기도

13
DAY

교만은 패망의 선봉

교만은 패망의 선봉이요 거만한 마음은
넘어짐의 앞잡이니라
(16:18)

묵상

- 내 교만한 마음 때문에 어그러진 일(관계)이 있습니까.
- 어떤 때에 내가 남들보다 우월하다는 생각이 듭니까.
- 자랑을 하거나 뽐내지는 않지만, 다른 사람을 나보다 못하다고 판단하고 은근히 무시하는 마음이 있지는 않았습니까.

교만이 패망의 앞잡이임을 모르는 사람은 없을 것입니다. 그래서 우리는 교만하지 않으려고 주의합니다. 그러나 교만은 틈만 있으면 우리를 넘어뜨리려 우리 발 앞에 납작 엎드려 있습니다. 어떻게 해야 교만에 걸려 넘어지지 않을 수 있습니까.

우리는 어떤 때에 교만해집니까. 다른 사람이 잘 못하는 일을 해냈을 때, 다른 사람보다 뛰어난 성과를 이뤄냈을 때, 남들에게 자랑하고 싶은 일이 있을 때, 누군가 나를 특별히 알아주기를 바랄 때 우리는 교만의 덫에 걸립니다. 내가 주변 사람들보다 우위에 서고 싶거나, 그들의 인정을 받고 싶을 때 교만이 고개를 듭니다. 겸손을 가장해도 교만은 드러나게 마련입니다.

남들의 인정과 칭찬은 양날의 칼입니다. 한편으론 큰 힘이 되기도 하지만, 잘못하면 방심하고 들뜨게 해서 넘어지게도 합니다.

자신이 한 일이 정말 인정받을 만하다면 자랑하지 않아도 스스로 빛나게 되어 있습니다. 칭찬은 감사하게 받고 내 안의 에너지가 되게 쓰십시오. 그러나 늘 남의 칭찬을 구하지는 마십시오. 그보다는 주변 사람들의 작은 장점이라도 진심으로 인정해 주십시오. 그것이 나의 교만을 제어하는 가장 좋은 방법입니다.

오늘의 기도

하나님, 교만은 유치하고 어리석은 행동임을 잘 알고 있습니다. 그러나 시시때때로 교만한 마음이 고개를 듭니다. 좋은 일로 기쁨을 누리는 것과 교만해지는 것을 구분할 수 있는 지혜를 주십시오. 자랑하고 인정받으려는 마음이 교만을 부릅니다. 다른 사람의 인정에 매달리지 않고, 좋은 일의 기쁨을 내면에서 충만하게 누리고, 감사하겠습니다. 그것이 나의 기쁨에 그치지 않고 다른 이들을 돕고 화합하는 힘이 될 수 있도록 지켜주십시오. 예수님의 이름으로 기도합니다. 아멘.

나의 기도

14
DAY

먼저 자기 마음을 다스려라

노하기를 더디하는 자는 용사보다 낫고
자기의 마음을 다스리는 자는 성을 빼앗는
자보다 나으니라(16:32)

묵상

- 나는 주로 무슨 일 때문에 화가 납니까.
- 무엇이든 내 기준에 맞추려 하기 때문에 화가 나는 것은 아닙니까.
- 나는 다른 사람을 화나게 하고 있지 않습니까.

화가 나면 참기가 힘듭니다. 순간적으로 폭발하듯이 일어나기 때문입니다. 화를 쌓아두면 병이 되니 터뜨리라고 말하는 이들도 있습니다. 그러나 화를 내서 얻는 유익은 없습니다. 속이 시원할 수는 있지만, 그것은 잠시입니다. 화를 내게 된 논점은 사라지고, 화를 낸 사실 때문에 이야기가 엉뚱한 방향으로 흘러가거나, 일이 더 커지기도 합니다. 무엇보다도 마음에 일어나는 감정들을 그대로 드러내는 것은 주변 사람들에게 항상 경계경보를 켜고 있는 것과 같습니다.

화를 누르고 마음을 다스리는 데는 훈련이 필요합니다. 우선 화를 내서는 아무것도 얻을 수 없음을 인식해야 합니다. 당장은 우위에 서는 것처럼 보일 수 있지만, 점점 주변 사람들로부터 고립될 뿐입니다.

화가 날 때는 일단 한발 물러서십시오. 언제나 나와 함께하시는 성령님의 도움을 구하십시오. 성령께 도움을 요청하는 잠깐의 기도만으로도 화를 누그러뜨릴 수 있습니다.

마음을 다스리는 것도 마찬가지입니다. 마음은 시간과 상황에 따라 변합니다. 일어나는 생각이나 감정을 그대로 말이나 행동으로 옮기지 마십시오. 화가 나 있는 자신에게서 한 발짝 떨어질 수 있도록 성령의 도우심을 구하십시오.

오늘의 기도

하나님, 화를 내는 여러 이유가 있지만 근본적으로는 내 맘대로 되지 않아서 화가 납니다. 마치 내가 늘 옳은 것처럼, 내가 모든 것을 아는 것처럼 생각하고 화를 냅니다. 내가 늘 옳다고 믿는 것은 교만임을 압니다. 주님, 내가 교만해서 물러나 내 마음을 다스리는 훈련을 꾸준히 할 수 있도록 도와주십시오. 항상 나와 함께하시는 성령의 도우심으로 분노하는 마음을 가라앉히고 다스릴 수 있도록 도와주십시오. 예수님의 이름으로 기도합니다. 아멘.

나의 기도

제비는 내가 뽑으나

제비는 사람이 뽑으나 모든 일을 작정하기는 여호와께 있느니라(16:33)

묵상

- 내가 통제할 수 없는 것들에 시간과 에너지를 쓰고 있지 않습니까.
- 지금 해야 할 가장 중요한 일은 무엇입니까.
- 그 일의 결과를 하나님께 맡기고 있습니까.

구약의 이스라엘 백성은 아주 중요한 문제를 제비 뽑기로 결정합니다. 이는 불합리하고 무책임한 방법으로 보입니다. 그러나 누구에게나 공평한 방법입니다. 모두가 같은 조건에서 같은 권리를 갖기 때문입니다. 무엇보다도 그 결과를 하늘에 맡길 수밖에 없으므로, 모든 일의 주권이 하나님께 있음을 아는 사람들만이 시행할 수 있는 믿음의 방법이기도 합니다.

제비 뽑기가 주는 교훈은 결과는 알 수 없으니 요행을 바라라는 것이 아닙니다. 내 손으로 내가 하는 일 같으나, 그 일을 전개하시는 이는 하나님임을 기억하라는 것입니다.

21세기는 인공위성을 이용한 네비게이션을 손바닥 안에서 사용하는 시대지만, 인간이 하는 일의 결과는 여전히 아무도 알 수 없습니다. 작은 변수에도 예측은 빗나가고 계산값은 틀어집니다. 사회는 복잡한 구조들로 연결되어 있고, 그 복잡한 구조에 영향을 주는 것들은 우리가 통제할 수 없습니다. 따라서 통제되지 않은 것들에 연연하지 않고 자신이 할 수 있는 일들을 해나가는 것이 중요합니다.

내 힘으로 영향을 미칠 수 없는 것들에 마음을 두지 마십시오. 내가 할 수 있는 일들에 최선을 다하십시오. 결과는 내가 통제할 수 없는 영역입니다. 결과는 하나님께 맡기고 지금 할 수 있는 일들을 즐겁게 해나가십시오.

오늘의 기도

주님, 어떤 일을 하든 내 마음에 조급함과 두려움이 있는 것은, 하나님께 온전히 맡기지 못하기 때문임을 고백합니다. 어떠한 방법으로도 결과는 내가 통제할 수 없습니다. 결과는 온전히 주께 맡기고 내게 주어진 일들을 기쁨으로 해낼 수 있기를 기도합니다. 무슨 일을 하든지 주께서 지켜주시고 함께해주십시오. 예수님의 이름으로 기도합니다. 아멘.

나의 기도

16
DAY

마음의 연단

도가니는 은을, 풀무는 금을 연단하거니와
여호와는 마음을 연단하시느니라
(17:3)

묵상

- 나는 연단의 고통 없이도 정금처럼 빛날 수 있다고 생각하십니까.
- 나를 달라지게 만든 연단의 경험이 있습니까.
- 연단을 감사하게 받아들일 수 있습니까.

잡다한 물질들이 섞여 있는 원석에서 보석을 추출해 내려면 불의 연단을 통과해야 합니다. 몇 번의 풀무질을 통해 이물질들이 부서지고 녹아내린 다음에야 단단하게 반짝이는 정금이 될 수 있고, 비로소 금으로서의 가치를 가질 수 있게 됩니다.

인간의 마음도 연단을 거쳐야 단단해질 수 있습니다. 마음이 가진 본연의 빛을 빛나게 할 수 있습니다.

연단에는 두려움과 고통이 따릅니다. 할 수만 있다면 연단의 과정을 뛰어넘고 싶습니다. 그러나 연단 없이는 단단해질 수 없습니다. 마음을 둘러싸고 있는 탐욕과 교만과 두려움과 어리석음이 깨어지게 할 수 없습니다. 고난 없이는 믿음, 소망, 사랑, 구원의 가치를 깨달을 수 없습니다.

연단 받지 않은 채로 있는 보석은 아무 쓸모없는 광물에 불과합니다. 아무 발에나 채이는 대로 굴러다닐 수밖에 없습니다. 연단 받지 않은 마음도 이와 같습니다. 단단한 마음의 중심이 없으므로 이리저리 휘둘리기만 합니다. 탐욕과 불안의 종노릇할 수밖에 없습니다.

지금 마음의 고통 중에 있습니까. 그 고통에 숨겨진 뜻을 생각해 보십시오. 마음을 연단하시는 이가 하나님이심을 믿는다면, 인내심을 가지고 지혜롭게 이겨내십시오. 연단이 지나간 후에는 한층 더 빛날 수 있을 것입니다.

오늘의 기도

하나님, 원석에서 보석으로 거듭나기 위해서 연단받지 않을 수 없다는 것을 압니다. 연단은 두렵지만, 피하지 않고, 원망하지 않고 잘 겪어 낼 수 있는 힘을 주십시오. 나의 믿음이 변화하고 성장하는 기회가 되게 해주십시오. 연단을 받은 후에 더욱 하나님을 사랑하고, 그 사랑의 빛을 더 넓게, 더 멀리 비추는 사람이 되게 해주십시오. 예수님의 이름으로 기도합니다. 아멘.

나의 기도

17
DAY

급한 발을 조심하라

지식 없는 소원은 선하지 못하고
발이 급한 사람은 잘못 가느니라
(19:2)

묵상

- 자신이 소원하는 것에 대해 제대로 알고 있습니까.
- 소원하는 것이 이루어졌을 때를 대비하고 있습니까.
- 급할 때에 내 모습이 어떤지 떠올려 보십시오.

지식 없이 소원을 구한다는 것은 무슨 뜻입니까. 그 소원이 어떤 일을 불러올지 전혀 생각하지 않고 욕심으로 구하는 것을 말합니다. 수백억의 부동산을 소원해서 갖게 되었다고 그것이 곧 수백억의 화려한 삶으로 이어지는 것은 아닙니다. 그만한 자산을 소유한 사람은 그에 부과되는 심적 물적 부담을 감당할 수 있어야 합니다.

얻는 것이 있으면 잃는 것도 있게 마련입니다. 아무런 준비도 지식도 없이 무조건 구하고 받는다면 큰 불행을 자초할 수 있습니다.

신실한 사람은 기도한 것이 이루어졌을 때를 준비합니다. 아침에 비가 내리기를 기도했다면 집을 나설 때에는 우산을 챙겨야 합니다. 언제 비가 내려도 대비할 수 있어야 합니다.

발이 급한 사람은 서두르는 사람입니다. 우리 속담에 급할수록 돌아가라는 말이 있습니다. 마음이 급하면 생각이 정지되고 시야가 좁아집니다. 바로 눈앞에 있는 이정표도 눈에 들어오지 않습니다. 급하다고 이정표를 확인하지 않고 무작정 달리면 엉뚱한 곳으로 가서 길을 잃게 됩니다.

시간이 없다고 서두를수록 오히려 허둥지둥하며 시간을 헛되이 흘려 보내게 됩니다. 급할수록 잠시 호흡을 가다듬고 마음을 집중하는 시간이 필요합니다. 그래야 짧은 시간에도 일을 제대로 해낼 수 있습니다.

오늘의 기도

주님, 내가 지금 소원하는 것이 있습니다. 그 일이 이루어질 것을 믿으면 나도 준비해야 한다는 사실을 알았습니다. 주님, 내가 그 소원을 감당하기에 충분한 사람이 되게 해주십시오. 마음만 앞서서 경솔하게 잘못된 길로 들어서지 않도록 내 발걸음을 지켜주십시오. 예수님의 이름으로 기도합니다. 아멘.

나의 기도

18
DAY

하나님은 마음을 감찰하신다

사람의 행위가 자기 보기에는 모두 정직하여도
여호와는 마음을 감찰하시느니라
(21:2)

묵상

- 마음과 다르게 위선이나 가식으로 행동한 적이 있습니까.
- 그런 행동은 누구를 위한 것입니까.
- 하나님의 눈과 사람의 눈 중 어느 쪽을 더 두렵게 생각하고 있습니까.

마음에 내키지는 않지만 어쩔 수 없이 무언가를 할 때가 있습니다. 의무감이나 기계적 관성, 혹은 다른 숨은 목적이 있어서 할 때입니다. 그런데 이것을 자신도 모르고 있는 경우도 있습니다. 마음을 다해 하지 않으면서도 잘하고 있다고, 열심히 하고 있다고 생각하는 것입니다.

그럴 때일수록 일의 결과나 반응에 예민하고 실망을 크게 느낍니다. 결과에만 집착하여 일을 하는 과정에서 즐거움을 느끼지 못했기 때문입니다.

사람은 다른 이의 잘못을 잘 분별하고 지적하지만, 자신에 대해서는 오히려 잘 파악하지 못합니다. 자신의 행위에는 그럴 만한 이유가 있기 때문에 타당한 행동을 했다고 생각합니다. 누군가 자신의 잘못을 지적할 때 화가 나는 것은 자신의 행동을 방어하려고만 하기 때문입니다. 하나님께서는 마음을 감찰하십니다. 이 말씀은 행위는 어떠하든 마음만이 중요하다는 뜻이 아닙니다. 위선이나 가식을 경계하라는 것입니다.

모든 일에 열과 성을 다하기는 어렵습니다. 때로는 하고 싶지 않은 일도 해야 합니다. 그런 일일수록 힘들지만, 힘든 일을 한다고 스스로 선하다고 여기거나 과시하지 말아야 합니다. 교만이 자리할 틈을 주지 마십시오. 힘든 마음을 주께 내려놓십시오. 주께서 위로하시고 마음을 새롭게 해주실 것입니다.

오늘의 기도

주님, 내 마음을 있는 그대로 바라볼 수 있는 지혜를 구합니다. 어떤 일이든 사람들의 평가가 두려워서가 아니라 내 마음의 기쁨을 위해서 하고 싶습니다. 사람들의 눈에 들려고 위선을 보이거나 과시하는 어리석은 자가 되지 않도록 지켜 주십시오. 하나님은 마음을 감찰하는 분임을 잊지 않겠습니다. 예수님의 이름으로 기도합니다. 아멘.

나의 기도

19
DAY

게으른 자의 우스운 변명

게으른 자는 말하기를 사자가 밖에 있은즉
내가 나가면 거리에서 찢기겠다 하느니라
(22:13)

묵상

- 어떤 일에 가장 게으릅니까.
- 게으름의 핑계는 무엇입니까.
- 게으름에서 벗어나는 방법을 한 가지만 생각해 보십시오.

'게으름에는 약도 없다'는 말이 있습니다. 그만큼 고치기 어렵다는 뜻입니다. 게으름에는 핑계가 많습니다. 당장 움직이지 않는 이유를 얼마든지 댈 수 있습니다. 이유가 될 만한 것인지 아닌지는 따지지 않습니다. 심지어 광야에 사는 사자를 만날까 무서워 거리에 나가지 못한다는 핑계까지 댑니다.

잠언은 게으른 자의 어리석음을 여러 곳에서 경고하고 있습니다. 심지어 "게으른 자는 자기의 손을 그릇에 넣고서도 입으로 올리기를 괴로워하느니라"(19:24)라고 말합니다. 손에 든 음식을 입에 넣는 것마저도 귀찮아 하는 것입니다.

게으름에 관한 비유는 모두 과장된 것처럼 보이지만 실제로 그렇지 않습니다. 실행하면 유익하다는 것을 알고, 충분히 할 수 있는 조건이 주어졌는데도 내일 또 내일로 미루는 일들이 많이 있지 않습니까.

5분만 더 누워 있느라 매번 약속시간에 조금씩 늦

지 않습니까. 5분은 사소한 시간이 아닙니다. 늘 늦는 사람이라는 평판은 사소하지 않기 때문입니다. 벌써 끝냈어야 할 일을 미루고 미루다 마감 직전에 대충 끝내지 않습니까. 이는 자신이 가진 능력을 충분히 발휘하지 못하고 썩히는 것입니다.

게으름은 아주 무서운 습관입니다. 훈련하지 않아도 저절로 몸에 배기 때문입니다. 게으름을 경계하십시오. 조금이라도 방심하면 어느새 내 안에 들어와 둥지를 틀 것입니다.

오늘의 기도

주님, 그때 게으르지 않았더라면 지금 훨씬 나은 사람으로 성장했을 것을 압니다. 하지만 지난날을 돌아보며 나의 게으름을 책망하기보다, 오늘을 충실히 살겠습니다. 핑계 대지 않고, 다음으로 미루지 않고 지금 할 수 있게 주께서 이끌어주십시오. 예수님의 이름으로 기도합니다. 아멘.

나의 기도

20
DAY

네 소망이 끊어지지 않으리라

네 마음으로 죄인의 형통을 부러워하지 말고 항상 여호와를 경외하라 정녕히 네 장래가 있겠고 네 소망이 끊어지지 아니하리라

(23:17-18)

묵상

- 악한 자가 잘되는 것을 볼 때 어떤 생각이 듭니까.
- 어떤 것이 가장 부럽습니까.
- 자신의 삶에서 가장 중요하다고 생각하는 것은 무엇입니까.

선한 사람이 형통하는 것을 보면 교훈을 얻습니다. 그 선함이 좋은 열매를 맺은 것을 보며 그를 칭송합니다. 그로 인해 하나님의 정의가 살아 있음을 느낍니다. 지금은 어려워도 선한 소망을 갖게 됩니다.

그러나 죄인이 형통하는 것을 볼 때의 마음은 어떻습니까. 하나님의 정의가 무기력하게 느껴질 수 있습니다. 어려워도 바르고 선하게 살아가는 것이 어리석게 느껴질 수도 있습니다.

그러나 죄인의 형통을 부러워하지는 마십시오. 예수님의 사랑으로 거듭난 우리가 쓴뿌리에 난 악의 열매를 부러워할 수는 없습니다.

죄인들은 그 죄의 대가를 치르게 될 것입니다. 그것은 하나님께 맡기십시오. 하나님이 정한 때에 하나님의 정의가 이루어질 것임을 믿으십시오.

죄인들과 악한 자들의 형통함이 마음을 어지럽힐 때에, 내 삶의 목적과 목표가 어디에 있는지 성찰하십시오. 자신의 삶을 다른 이들과 비교하지 마십시오. 하나님은 그 쓰임에 따라 만물을 만드셨습니다. 나에게는 나의 쓰임이 있음을 기억하십시오.

하나님께서 내 삶에 주신 것들에 감사하십시오. 불의한 열매를 돌아보지 말고 선함을 추구하십시오. “항상 여호와를 경외하라. 정녕히 네 장래가 있겠고 네 소망이 끊어지지 아니하리라” 하신 하나님의 약속을 믿고 나아가십시오.

오늘의 기도

주님, 악한 자가 형통할 때 분노가, 죄인이 잘될 때에 실망이 일어납니다. 그 분노와 실망이 내 마음을 악한 방향으로 이끌지 않도록 붙잡아 주십시오. 내 삶의 참된 목적이 어디에 있는지 되새기게 해주십시오. 주님의 은혜와 사랑에 감사하며, 악인의 형통을 부러워하지 않겠습니다. 주님의 말씀을 따르며 선한 의지로 사랑을 나누며 살겠습니다. 예수님의 이름으로 기도합니다. 아멘.

나의 기도

21
DAY

누가 의인인가

대저 의인은 일곱 번 넘어질지라도 다시 일어
나려니와 악인은 재앙으로 말미암아
엎드러지느니라(24:16)

묵상

- 어떤 사람이 의인의 자격이 있다고 생각하고 있습니까.
- 성경에서 말하는 의인은 어떤 사람입니까.
- 넘어져도 다시 일어날 수 있는 힘은 어디에서 옵니까.

의인과 악인을 구분하는 방법은 여러 가지가 있습니다. 오늘 말씀은 '넘어졌다가도 다시 일어나는 것'으로 의인을 구분합니다.

의인은 넘어지지 않는 사람이 아닙니다. 넘어져도 굴하지 않고 일어나는 사람입니다. 넘어짐 없이 의인이 되기는 어렵습니다. 사람은 넘어지고 일어나는 과정을 통해 현명해지고 강건해집니다. 넘어져보지 못한 사람은 자신의 약함을 깨닫기 어렵습니다. 다른 이들의 약함을 이해하기도 어렵습니다.

의인은 약점이 없는 성인이 아닙니다. 약점을 인정하고 극복하기 위해 행동하는 사람입니다. 또한 다른 이들을 자신과 똑같이 존중하는 사람입니다. 그런 사람은 넘어져도 절망하지 않고 다시 일어날 수 있습니다. 하나님이 그를 지키시고, 넘어진 그의 손을 잡아주는 사람들이 있기 때문입니다.

악인은 그렇지 않습니다. 그는 남을 교묘히 넘어

뜨리고, 자신은 넘어지지 않을 것이라고 자만합니다. 넘어진 자를 어리석다 비웃습니다. 그러나 악인은 제 발에 걸려 넘어집니다. 자기가 만든 재앙이 그를 넘어뜨립니다. 악인은 편안히 승리하는 것처럼 보이지만, 결코 그 열매를 누릴 수 없습니다. 넘어진 악인은 다시 일어서지 못하게 될 것입니다.

의인의 길을 따르십시오. 넘어지는 것을 두려워하지 말고 다시 일어설 용기를 구하십시오. 하나님께서 그 손을 잡아주실 것입니다.

오늘의 기도

주님, 오직 의인은 믿음으로 말미암아 살리라(로마서 1:17)고 하셨습니다. 주께서 나와 함께하신다는 믿음이 있으면 넘어짐을 두려워하지 않을 것입니다. 넘어지더라도 다시 일어서는 의인의 길을 갈 수 있도록 용기와 믿음을 주십시오. 예수님의 이름으로 기도합니다. 아멘.

나의 기도

22
DAY

기뻐하지 말아야 할 것

네 원수가 넘어질 때에 즐거워하지 말며
그가 엎드러질 때에 마음에 기뻐하지 말라
(24:17)

묵상

- 원수의 고통을 기뻐한 적이 있습니까.
- 그가 원수인 이유는 그가 악하기 때문입니까, 내가 그를 미워하기 때문입니까.
- 내가 넘어지는 것을 보고 기뻐할 사람은 없습니까.

나를 괴롭힌 원수가 잘못되는 것을 볼 때 나도 모르게 기쁨을 느낄 수 있습니다. 원수에게 받은 고통과 괴로움이 보상을 받은 듯 생각되고, 하나님의 심판이 임했다고 생각할 수도 있습니다.

그러나 성경은 원수의 넘어짐을 즐거워하지 말라고 말씀하십니다. 여호와께서는 원수의 넘어짐을 보고 즐거워하는 것을 기뻐하지 않으셔서, 그 진노를 원수에게서 옮기실 수 있다(잠언 24:18)고 경고하십니다.

남의 넘어짐을 보고 기뻐하는 것은 좋지 못합니다. 그가 원수라 할지라도 불행을 즐겁게 여기는 것은 악하기 때문입니다. 불행을 즐거워하는 마음에는 교만과 악함이 틈탈 수 있습니다. 하나님은 그런 마음을 경계시키십니다. 원수가 넘어졌을 때에는 교훈과 경고를 얻어야 합니다. 악한 자를 심판하시는 하나님을 경외해야 합니다. 약한 그릇인 나도 그와 같이 될 수 있음을 깨닫고, 스스로 경계해야 합니다.

원수의 불행을 기뻐하거나 즐거워하지 마십시오. 그의 고통은 나를 기쁘게 하기 위함이 아닙니다. 그는 악한 행실의 대가를 치르고 있을 뿐입니다. 그것은 나에게도 교훈이 됨을 잊지 마십시오. 나의 행복과 불행이 다른 이들의 행복과 불행에 의해, 외부의 조건에 의해 좌우되지 않아야 합니다. 참된 행복은 비교에서 오는 것이 아니기 때문입니다.

오늘의 기도

주님, 내 맘 속에 원수의 불행을 기뻐하는 마음이 일어날 때에 나를 돌아보고 경계할 수 있게 해 주십시오. 내 행복과 불행이 다른 이들의 행복과 불행에 좌우되지 않기를 기도합니다. 원수라 할지라도 그의 불행에서 교훈을 얻고, 더욱 하나님을 의지하게 해주십시오. 예수님의 이름으로 기도합니다. 아멘.

나의 기도

23
DAY

악을 악으로 갚지 말라

너는 그가 내게 행함같이 나도 그에게
행하여 그가 행한 대로 그 사람에게 갚겠다
말하지 말지니라(24:29)

묵상

- 받은 대로 되갚아 주고 싶은 마음이 드는 사람이 있습니까.
- 악한 도구를 사용하지 않아도 되갚을 방법이 있습니까.
- 되갚아 분을 푸는 것이 나를 악으로부터 지키는 것보다 중요합니까.

누군가 나에게 선을 베풀었다면 나도 선으로 갚는 것이 맞습니다. 나에게 선을 행한 그 사람에게 갚지 않아도 됩니다. 그가 나에게 베푼 것처럼 나도 다른 이에게 베풀면 됩니다. 선한 베풂의 고리는 그렇게 넓게, 멀리 퍼져나갈 수 있습니다.

오늘 말씀에서 '그가 행한 대로'라는 것은 악행을 말합니다. 그가 나에게 악하게 행동했다 하여, 똑같은 악행으로 되갚지 말라는 뜻입니다. 그러면 나 역시 악한 자가 되기 때문입니다. 되갚음 당한 자는 이전의 자기 악행은 잊어버리고 그 역시 자신이 당한 대로 되갚으려 할 것입니다. 악은 더 큰 악을 불러올 뿐입니다.

성경은 "악을 악으로 갚지 말고"(로마서 12:17)라고 말씀하십니다. "악에게 지지 말고 선으로 악을 이기라"(로마서 12:21)고 명령하십니다. 우리는 선을 행해야 할 뿐, 악에 대한 심판은 하나님께 있습니다.

악이 우리를 끌어들이려 유혹해도 우리는 선에 머물러야 합니다. 악을 되갚기 위해 악함에 물들어서는 안됩니다. 괴물을 상대하겠다고 나도 괴물이 되어서는 안됩니다.

마음에 분노와 억울함이 솟을 때 악한 마음이 나를 지배하지 않도록 경계하십시오. 악의 시험과 유혹을 물리칠 수 있기를 기도하십시오. 악은 어떤 모양이라도 멀리 하십시오. 악의 징계는 하나님께 있음을 늘 기억하십시오.

오늘의 기도

주님, 오늘 말씀으로 악인에 대한 분노와 원망에서 한 걸음 떨어지게 해주셔서 감사합니다. 악인에 대한 심판은 하나님께 있습니다. 받은 대로 돌려주라는 악의 유혹에 빠지지 않고 선으로 악을 이겨 나가겠습니다. 내 삶에 주님의 선한 은혜가 차고 넘치게 해주십시오. 예수님의 이름으로 기도합니다. 아멘.

나의 기도

24
DAY

비밀은 지켜라

너는 이웃과 다투거든 변론만 하고
남의 은밀한 일은 누설하지 말라
(25:9)

묵상

- 다툼이 생기면 어떻게든 이기려는 마음이 강해지십니까.
- 나만 알고 있는 상대의 비밀이 있습니까.
- 나를 변론하기 위해 상대의 비밀을 드러내는 일이 왜 나쁘다고 생각하십니까.

다툼은 꼭 어느 한쪽의 잘못이나 문제로 생기는 것이 아닙니다. 생각의 차이나 오해로 생기는 경우가 더 많습니다. 성격이나 가치관의 차이 때문에 발생하기도 합니다. 가까이 지내는 친구나 이웃이라 해도 서로의 사정은 잘 알 수가 없습니다. 따라서 문제가 발생한다면 넘겨짚거나 추측하지 말고, 서로 진솔한 대화를 통해 해결하는 것이 가장 좋습니다.

이때 대화하는 태도가 중요합니다. 상대의 잘못을 밝히고 내가 옳음을 증명하기 위한 대화는 공격적이고 적대적일 수밖에 없습니다. 상대방의 말을 경청하지 않고 자신의 말만을 쏟아내게 됩니다. 대화의 목적이 문제 해결이 아니라 상대 굴복시키기가 되고 맙니다.

결국 서로의 감정이 격화되고, 해서는 안될 말까지 나오게 됩니다. 상대의 약점까지 공격하며 상처를 줍니다. 눈앞에 놓인 사안이 아니라 이미 지난 일까지

들춰내며 문제를 확대시킵니다. 꺼내려고 생각지 않았던 상대의 비밀까지도 발설할 수 있습니다.

문제가 생겼을 때는 그 문제에 국한해서 이야기하십시오. 오해를 풀고 화해를 위한 대화를 하십시오. 화가 난다고 상대의 아픈 부분을 찌르거나 약점을 공격하지 마십시오. 상대가 어떠하든 지켜주어야 할 것은 지켜주어야 합니다. 그것은 상대가 아니라 나의 인격을 지키는 일입니다.

오늘의 기도

하나님, 이기고 지는 승패에 매달려 더 중요한 것들을 잃을 수 있음을 깨닫게 해주셔서 감사합니다. 언쟁에서 이기거나 내가 옳음을 주장하려고 상대의 약한 점을 공격하거나 지켜야 할 비밀을 누설하지 않겠습니다. 내가 할 수 있는 적절한 말로 내 의견을 전달하는 방법을 생각하겠습니다. 이런 훈련을 통해 나의 인격이 성장할 수 있도록 함께해주십시오. 예수님의 이름으로 기도합니다. 아멘.

나의 기도

25
DAY

경우에 합당한 말

경우에 합당한 말은 아로새긴
은 쟁반에 금 사과니라
(25:11)

묵상

- 내 마음을 바꾸게 한 어떤 말이 있습니까.
- 나에게 잊히지 않는 말은 위로의 말입니까, 상처를 준 말입니까.
- 내 말 습관 중에 고쳐야 할 점이 있습니까.

말의 중요성은 아무리 강조해도 지나치지 않습니다. 말은 한 번 나오면 다시 담을 수가 없습니다. 실수한 말에 대해 해명하거나 사과할 수는 있지만, 말한 사실을 지울 수는 없습니다.

말은 하는 사람과 듣는 사람이 서로 다르게 해석할 수 있습니다. 잘해보려 했던 말이 오히려 문제를 일으키거나, 다른 사람에게 상처를 주기도 합니다. 그래서 말하기는 누구에게나 어려운 문제입니다.

말을 줄이면 실수도 줄어듭니다. 신중하다는 평가를 받을 수 있습니다. 그런데 말을 하지 않으면 소통이 이루어지지 않습니다. 실수가 두려워 소통하지 않는다면 사랑도, 성장도 없습니다.

말은 훈련해야 합니다. 말을 해야 할 때와 말없이 들어야 할 때를 분별하는 훈련, 긴 내용을 조리 있게 정리하는 훈련, 내가 하고 싶은 말이 아니라 상대에게 필요한 말을 하는 훈련, 알고 있는 것과 말해야 하는 것을 구분하는 훈련이 필요합니다.

경우에 합당한 말은 큰 위력을 발휘합니다. 사람의 마음을 바꾸고, 중요한 선택을 바꾸게 합니다. 내가 한 말이 어떤 영향을 미치게 될지 알 수 없습니다. 다만 말에 대해 우리가 기억해야 할 것은 한 가지입니다. 사람의 마음은 화려한 언변이 아니라 진실된 말에 움직인다는 것입니다.

오늘의 기도

하나님, 말을 통제하기가 참 어렵습니다. 다른 이들에게 도움이 되는 말을 하고 싶지만 마음처럼 잘 되지 않습니다. 좋은 말을 늘어놓기보다 진실되게 말하고, 아름답게 말하기보다 따뜻하게 말하는 사람이 되기 원합니다. 늘 다른 이들과 소통하면서 대화의 방법을 배워 나가겠습니다. 말할 때 용기와 겸손을 잊지 않도록 내 입술을 지켜주십시오. 예수님의 이름으로 기도합니다. 아멘.

나의 기도

26
DAY

내일을 자랑하지 말라

너는 내일 일을 자랑하지 말라 하루 동안에
무슨 일이 일어날는지 네가 알 수 없음이니라
(27:1)

묵상

- 아직 끝나지 않은 일을 마치 다된 것처럼 여기고 들떠 있지 않습니까.
- 내일 올 기쁨이 짜증스럽게 보낸 오늘을 다 보상할 것이라고 생각하십니까.
- 해야 할 안부 전화나 만남을 내일로 계속 미루고 있지 않습니까.

우리는 내일 일을 계획할 수 있습니다. 예상하거나 예측해볼 수 있습니다. 그러나 자랑할 수는 없습니다. 내일 당연히 일어날 일이라 할지라도 오늘 누가 어찌 될지 알 수 없기 때문입니다.

그러나 오늘의 말씀은 앞일에 대한 부정적인 가능성을 생각하라는 뜻이 아닙니다. 내일이 올 때까지 가슴 졸이며 불안해하라는 의미가 아닙니다. 어떤 일의 진행이 명백해 보일지라도 그 일의 과정과 결과는 하나님께 달려 있음을 알라는 뜻입니다. 한 치 앞도 알 수 없는 인간의 한계를 인정하라는 말씀입니다. 아무리 과학이 발달해도 우리는 사고를 예측할 수 없고, 사람의 마음을 계산해낼 수 없습니다. 아직 오지 않은 내일 일은 모를 수밖에 없습니다.

우리는 이것을 잘 알고 있다고 생각하면서도 때때로 잊습니다. 일이 잘될수록, 받은 복이 클수록 교만의 방석도 높아집니다. 자신이 설계한 대로 이루어진 것처럼 자기 능력을 과신합니다. 그러나 확실한 것은 내일 일은 내일이 되어야 알 수 있다는 것입니다.

우리가 할 수 있는 것은 과신이나 자랑이 아니라 믿음과 수용입니다. 하나님께서 '모든 것이 합력하여' 선을 이루실 것이란 믿음으로 나에게 일어나는 일들을 수용하는 것입니다. 알 수 없는 내일을 가슴 졸이며 불안해하지 않아도 됩니다. 지금 여기에 집중하는 것이 불안을 해결하는 방법입니다.

오늘에 충실하십시오. 오늘의 기쁨과 감사를 미루지 마십시오. 하나님께서 주신 오늘을 충분히 누리십시오.

오늘의 기도

주님, 인간은 한 치 앞도 알 수 없음을 알기에 오늘이 소중함을 깨닫습니다. 내일을 자랑하지 않고 오늘을 불평하지 않겠습니다. 오늘을 주셔서 감사합니다. 오늘을 기쁘게 살겠습니다. 예수님의 이름으로 기도합니다. 아멘.

나의 기도

27
DAY

미련한 분노에 속지 말라

돌은 무겁고 모래도 가볍지 아니하거니와
미련한 자의 분노는 이 둘보다 무거우니라
(27:3)

묵상

- 자신의 잘못이나 두려움을 숨기기 위해 분노를 터뜨리지 않습니까.
- 나의 분노 때문에 상처받은 사람은 없습니까.
- 분노가 일어날 때 억지로 눌러 쌓지 않고 스스로 해소할 자신만의 방법을 생각해 보세요.

분노는 밖을 향해 일어나지만, 분노의 불길에 자신도 화상을 입습니다. 어리석은 사람의 분노는 스스로 지뢰밭으로 뛰어들어가는 것과 같습니다.

때로는 분노가 문제 해결의 실마리가 될 것이라 생각할 수 있습니다. 그렇게 되려면 분노를 적시에 효과적으로 사용해야 합니다. 그렇게 지혜롭게 할 수 없다면 분노는 문제 해결 도구가 될 수 없습니다. 미련한 분노는 새로운 분쟁을 만들고 관계를 파괴하고 괴로움을 연장시킬 뿐입니다.

우리는 분노가 일어나는 것 자체를 막기는 어렵습니다. 어느 순간에 분노가 일어날지 알 수도 없습니다. 때때로 이유를 설명할 수 없는 분노가 일어나기도 합니다. 그렇지만 훈련을 통해 분노를 제어하고 조절할 수는 있습니다.

분노에 속지 마십시오. 분노는 과장된 감정이 일으킵니다. 시간이 지난 다음 돌이켜보면 그렇게 분노할 일이 아니었다는 것을 깨닫게 되는 경우가 많지 않습니까. 어리석은 분노로 주변 사람들에게 상처를 주고, 스스로를 고통에 빠뜨린 적이 있지 않습니까. 같은 실수와 후회를 반복하지 마십시오.

분노는 순간의 불길을 피하는 것이 중요합니다. 성냥불이 그어지는 것처럼 분노가 일어나는 순간을 포착하는 훈련, 그 순간 마음으로부터 한발 물러서는 훈련을 하십시오. 분노로부터 한발 물러서는 것은 훈련을 통해 얼마든지 가능합니다. 하나님께서 우리에게 그 능력을 이미 주셨기 때문입니다.

오늘의 기도

주님, 오늘 말씀을 통해 분노가 나의 어리석음을 드러낸다는 것을 깨닫습니다. 분노를 제어할 수 있는 훈련을 통해 내가 성장할 수 있기를 원합니다. 분노가 일어날 때에 주께서 고삐를 잡아주시고, 상처받은 마음이 가라앉도록 위로해 주십시오. 예수님의 이름으로 기도합니다. 아멘.

나의 기도

28
DAY

충직한 책망과 거짓 입맞춤

친구의 아픈 책망은 충직으로 말미암는 것이나 원수의 잦은 입맞춤은 거짓에서 난 것이니라(27:6)

묵상

- 누군가에게 책망을 들은 적이 있습니까. 이유는 무엇입니까.
- 누구를 책망한 적이 있습니까. 이유는 무엇입니까.
- 책망의 효과가 있다고 생각하십니까.

친구에게 듣는 책망은 다른 사람에게 듣는 것보다 더 아프게 느껴질 수 있습니다. 나를 잘 이해하고 있다고 믿었기 때문에 더 섭섭할 수 있습니다. 그러나 그런 친구가 내게 책망했을 정도라면 자신을 돌아보아야 합니다.

친구의 책망이 억울하게 느껴질 수 있습니다. 그렇다면 그의 어떤 판단이 나와 다른지를 생각해 보아야 합니다. 그것은 내 이해의 폭을 넓혀 줄 것입니다.

그의 지적은 내 잘못된 습관이나 태도를 스스로는 깨닫지 못하는 것을 보고 말한 것일 수 있습니다. 그런 친구는 내 모습을 비춰주는 거울과 같습니다. 그를 통해 내가 더 포용력 있는 사람으로 성장할 수 있습니다. 어떤 말이든 어떻게 받아들이느냐에 따라 가치가 달라집니다.

원수의 거짓된 입맞춤에 흔들리지 않으려면 자만을 늘 경계해야 합니다. 칭찬은 격려로, 책망과 충고의 내용은 훈련이 필요한 덕목으로 생각하십시오. 칭찬과 책망을 어떻게 활용할지는 전적으로 나에게 달려 있습니다.

그러나 친한 친구에게라도 충고나 평가하는 말은 하지 않는 것이 더 좋습니다. 좋은 뜻으로 하는 말일지라도 상대방에게 제대로 전달되기 어렵습니다. 생각과 가치관이 서로 다르기 때문입니다. 경청하고 격려하고 기다려주는 것이 친구의 역할입니다.

오늘의 기도

주님, 내가 들은 쓴말들은 나의 성장을 위해 새겨 듣겠습니다. 나 자신을 돌아보고 성찰하겠습니다. 충고해준 친구를 소홀히 대하지 않겠습니다. 그러나 다른 이들의 말을 더 많이 경청하고, 격려하는 말을 더 많이 할 수 있기를 원합니다. 채찍보다는 사랑이 사람을 변화시키고 성장시킨다는 것을 잊지 않게 해주십시오. 예수님의 이름으로 기도합니다. 아멘.

나의 기도

29
DAY

의인은 쫓기지 않는다

악인은 쫓아오는 자가 없어도 도망하나
의인은 사자같이 담대하니라
(28:1)

묵상

- 내 마음을 쫓기게 하는 것이 있습니까.
- 욕심 때문에 너무 많은 일에 손을 대고 있지는 않습니까.
- 쫓기는 삶에서 벗어나기 위해 가장 필요한 것은 무엇입니까.

죄를 지은 사람은 쫓아오는 자가 없어도 늘 도망자로 삽니다. 언제 어떤 계기로 붙잡히게 될지 몰라, 늘 불안을 안고 불안정하게 살 수밖에 없습니다. 이것이 법의 단죄가 없어도 죄인이 받는 내면의 형벌입니다.

의로운 사람은 어떤 일에나 담대할 수 있습니다. 불의한 힘과 위협에 굴하지 않으며 당당하게 맞설 수 있습니다. 감추거나 속인 것이 없고 떳떳하기 때문입니다. 이것이 의인만이 가질 수 있는 내면의 평안입니다.

우리 일상에서 마음에 쫓김이 있을 때는 언제입니까. 뭔가가 마음에 걸릴 때입니다. 잘못이 밝혀질까 두려울 때, 감추고 있는 일이 드러날까 봐 초조할 때, 마땅히 해야 할 일을 하지 않았을 때입니다. 쫓기는 삶에는 평안이 없습니다. 기쁨도 감사도 없습니다.

쫓기는 삶에서 벗어나기 위해서 어떻게 해야 합니까. 지나간 잘못은 철저하게 회개하고 더 이상 매이지 마십시오. 다시는 같은 잘못을 반복하지 마십시오. 잘못이 드러나게 된다면 변명하지 않고 책임질 마음을 가지십시오. 그 이후의 모든 것은 하나님께 맡기십시오. 하나님께서 그 마음을 담대하게 하실 것입니다.

해야 할 일은 미루지 말고 바로 처리하십시오. 일단 시작한 일은 끝내는 습관을 들이십시오. 하기 싫은 일은 완벽하게 하는 것보다 규칙적으로 하는 것이 더 중요합니다.

오늘의 기도

하나님, 내 안에 바쁘게 살아야 안심이 되는 마음이 있습니다. 그래서 늘 쫓기며 살고 있는 것 같습니다. 쫓기는 자의 삶은 죄인의 삶과 같습니다. 이제 그런 삶에서 벗어나 조급해하지 않으며 지금 이 시간을 기쁘게 살기 원합니다. 내가 하나님 안에서 주님이 주시는 평안을 누리게 해주십시오. 예수님의 이름으로 기도합니다. 아멘.

나의 기도

30
DAY

하나님을 의지하는 삶

사람을 두려워하면 올무에 걸리게 되거니와
여호와를 의지하는 자는 안전하리라
(29:25)

묵상

- 두려워하는 사람이 있습니까.
- 두려워하는 이유는 무엇입니까.
- 그 두려움을 하나님 앞에 내려놓을 수 있습니까.

성경은 눈앞에 있는 힘 있는 사람보다 보이지 않는 하나님을 두려워하라고 말씀하십니다. 우리의 삶은 어떻습니까. 사람들의 눈보다 하나님의 눈을 더 두려워하며 살고 있습니까.

우리는 하나님의 전능하심을 믿지만, 하나님께 언제 어떻게 도움의 손길을 내실지 모릅니다. 그래서 당장 힘을 보여줄 수 있는 권력자를 하나님보다 더 두려워하고 의지하기 쉽습니다.

사람을 두려워하면 그 사람에게 매입니다. 늘 그의 의중을 헤아리고 혹시라도 그의 뜻을 거스르게 될까 늘 불안합니다. 두려움에 쫓겨 판단력이 흐려집니다. 믿음과 소신은 뒷전으로 밀려나고 어느새 악한 올무에 걸리게 됩니다.

사람을 두려워하지 않으려면 사람의 힘과 권력이 한시적임을 알아야 합니다. 그에게서 힘과 권력을 옮기시는 이는 하나님이심을 믿어야 합니다. 사람이 가진 것에 영원한 것은 없습니다. 변하지 않는 것도 없습니다. 사람의 힘을 두려워하지 말고, 의지하지 마십시오. 그에 대한 두려움을 하나님 앞에 내려놓으십시오. 나의 안전을 보장할 수 있는 이는 하나님입니다. 괴로울 때에 피난처가 되시는 분도, 힘들 때의 안식처가 되는 분도 하나님이십니다. 어느 때나 하나님을 의지하고, 언제나 하나님 안에 거하십시오. 내가 어떠하든지 하나님은 변함없이 나를 사랑하십니다.

오늘의 기도

하나님, 오늘 말씀을 통해 나를 돌아보게 해주셔서 감사합니다. 나는 연약하여 보이지 않는 하나님보다 보이는 사람들을 더 두려워하곤 합니다. 그래서 믿음보다 세상의 평가를 더 우선할 때가 있습니다. 이제 그 두려움을 내려놓습니다. 내가 두려울 때마다 내 손을 잡아주시고, 하나님이 모든 것의 주인이심을 깨닫게 해주십시오. 예수님의 이름으로 기도합니다. 아멘.

나의 기도

하루 5분, 나를 위한 묵상 기도문 _ 잠언편

1판 1쇄 펴낸날 2023년 9월 11일

지은이 분홍소금
펴낸이 이용훈

펴낸곳 북스원
등록 제2015-000033호
주소 서울시 송파구 오금로44나길 5, 401호
전화 010-3244-4066
이메일 wisebook@naver.com
공급처 (주)비전북 031-907-3927
ISBN 979-11-92468-03-7 02230